\. 424.

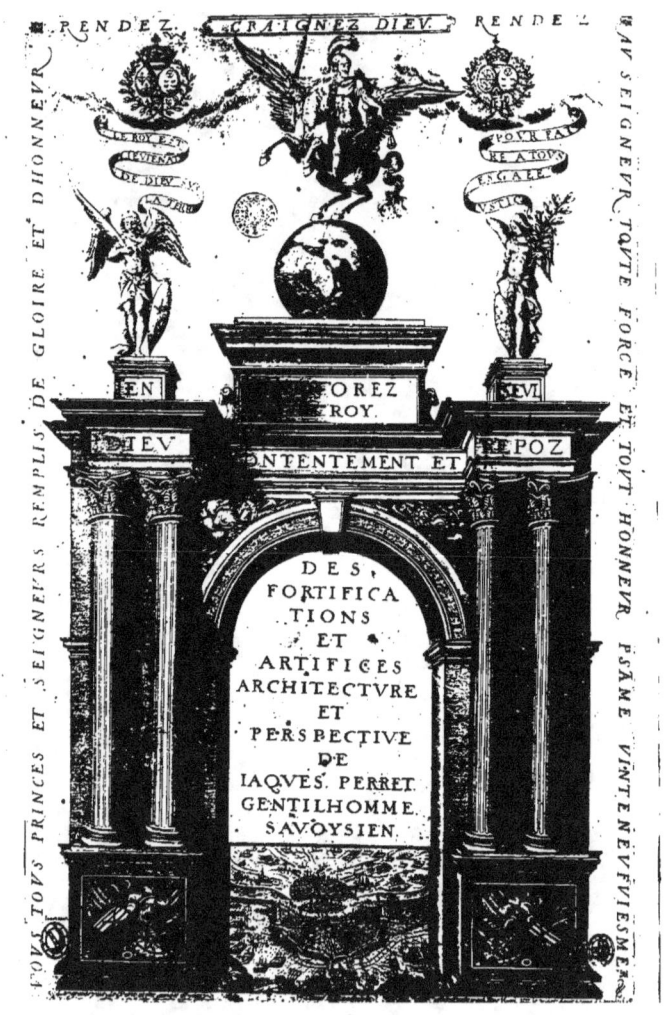

LA
FORTIFICATION
ET
ARCHITECTVRE PERSPEC-
TIVE ET ARTIFICES DE
Iaques Perret Gentilhomme Savoysien.

CESTE citadelle ou forteresse est à cinq costez, chacun d'iceux contient 80. toises, tant pour les courtines que pour les bastions qui sont aux cinq angles. Les courtines ont de longueur 44. toises depuis la ligne de l'espaule d'vn bastion, iusques à la ligne de l'autre espaule opposite, & depuis ladite ligne de l'espaule, iusques à l'angle interieur 18. toises d'vn costé & d'autre, qui est pour la largeur interieure de chacun bastion. Ainsi sont en tout 80.toises de long pour l'vn des costez, tant pour les courtines, que largeur interieure des bastions. L'espaule a 16. toises, depuis la courtine iusques au front du bastion, y comprenant tousiours 5. ou 6. toises pour les canonieres ou casemates. Les courtines & bastions tout à l'enuiron, ont d'espoisseur enuiron 8. toises, tant de muraille, que terre-plein, & à l'endroit des espaules 11. toises, outre les canonieres ou casemates, qui ont tousiours de 5. à 6. toises pour leur contenu. La hauteur est de 7. toises tout à l'enuiron, y comprennent le parapet, & 2. toises de profondeur d'eau. Les fossez ont 12. toises de largeur, à l'endroit des espaules. Le contr'escarpe a de hauteur 4. toises depuis l'eau du fossé, & autant de largeur depuis ledit fossé iusques au terrein, qui est de 6. pieds plus haut que ledit contr'escarpe, pour aller à couuert sur la petite banquette. Ledit terrein descent quelque peu en talus iusques à d'autres fossez, si on en peut faire. Estant entré, on trouuera les montees des courtines & bastions pour aller au dessus de leur terre-plein, ayans 2. toises de large, qui seruent aussi à renforcer l'enuiron de la forteresse. En apres, pour le bastiment on trouuera à l'entree de chacun bastion vne grosse tourrasse, ayant enuiron 8. toises de diametre dans l'œuure, & deux toises d'espoisseur de muraille, & de hauteur 12. toises. icelles sont esloignees du terre-plein enuiron 3. toises, afin que le canon puisse passer aisément entre deux. Ces tourrasses seruent de fort bon retranchement, & pour tenir dedans les munitions de toute la forteresse, toutes cinq se flanquent au long du bastiment, qui les ioignent. Les ruës sont larges de 7.toises, & le bastiment a aussi autant de large, & 8. toises de haut: les pauillons qui sont par tout ont 10. toises de haut. De la place du milieu le canon peut battre tout au long de toutes les ruës,tous les bastimens sont en quadrature iaçoit que la forteresse soit de 5. costez. Rapportant les mesures que l'on voudra sçauoir auec le compas sur l'eschelette, qui est icy de 80. toises, & au profil on trouuera ce que l'on cerche, tant au plan, qu'en la perspectiue.

A

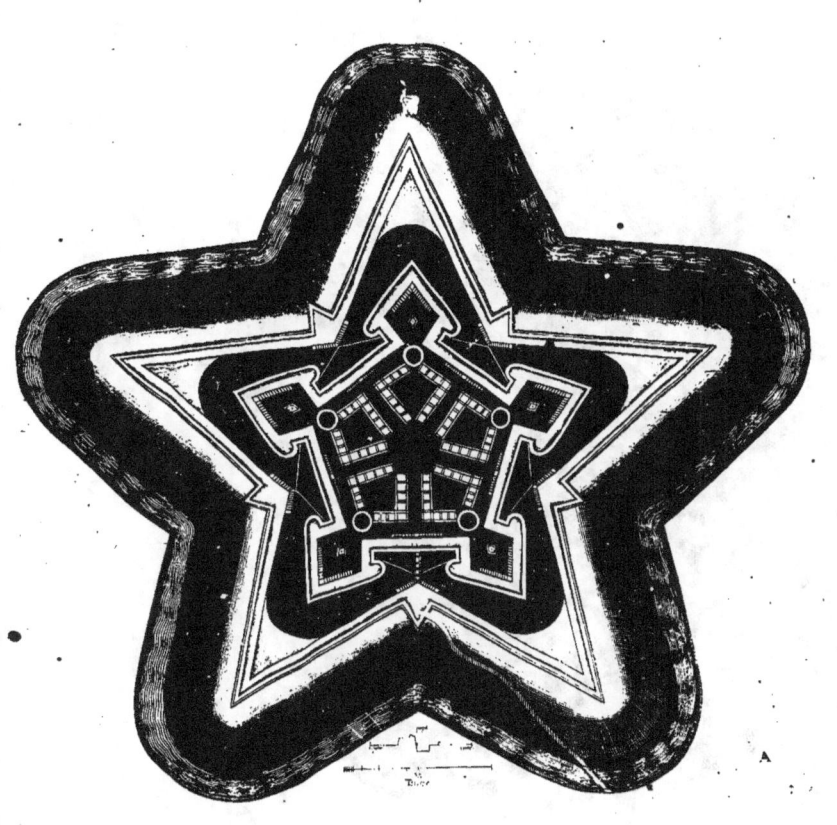

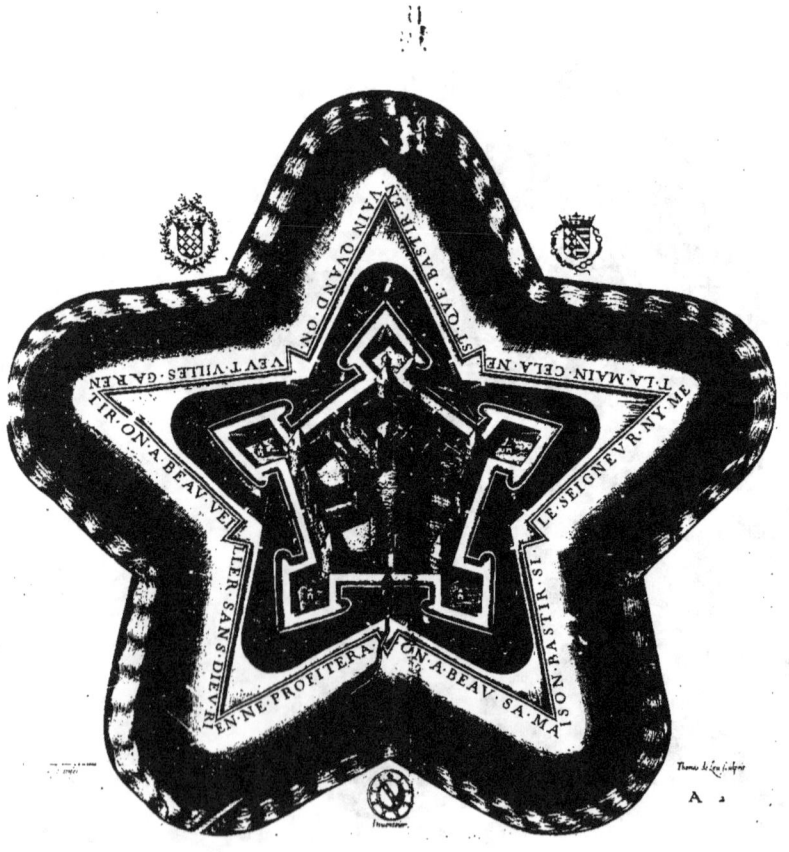

A.

ESTE citadelle est à 6. costez, chacun d'iceux contient 80. toises, tant pour ses courtines, que pour les bastions qui sont aux 6. angles. Les courtines ont de longueur 44. toises depuis la ligne de l'espaule d'vn bastion, iusques à la ligne de l'autre espaule opposite, & depuis ladite ligne de l'espaule, iusques à l'angle interieur 18. toises d'vn costé & d'autre, qui est pour la largeur interieure de chacun bastion. Ainsi sont en tout 80. toises de long pour l'vn des costez, tant pour les courtines, que largeur interieure des bastions. L'espaule a 15. toises depuis la cortine iusques au front du bastion, y comprenant tousiours 5. ou 6. toises pour les canonieres ou casematies. Les courtines & bastions tout a l'enuiron ont d'espoisseur 8. toises, tant de muraille, que de terre-plein, & à l'endroit des espaules 10. toises, outre les canonieres. La hauteur depuis l'eau est de 7. toises, y comprenant leur parapet, & 2. toises d'eau en profondeur. Les fossez ont 12. toises de largeur à l'endroit des espaules: le contr'escarpe a de hauteur 4. toises depuis l'eau du fossé, & 3. toises de largeur depuis ledit fossé iusques au terrein, qui est de 6. pieds plus haut que ledit contr'escarpe, pour aller à couuert, ledit terrein descent quelque peu en talus : le pont est large de 2. toises. Puis estant entré, on trouuera les montees des courtines, & bastions pour aller au dessus de leur terre-plein, ayans 2. toises de large qui seruent aussi à renforcer l'enuiron de la forteresse. En apres est vne forte muraille auec son terre-plein, tout a l'enuiron, contenant en tout 4. toises d'espoisseur, sans les montees. A chacun angle d'icelle sont des petits bastions qui se flanquent l'vn l'autre, & ausquels on entre par le dedans de la forteresse, ayans à l'entree 2. pauillons a dextre & senestre, qui seruent à tenir les munitions de la forteresse. Toute ceste seconde enceinte n'est pas plus haute que les premieres courtines & bastions, tellement qu'elle ne peut estre offensee du canon. En apres pour le bastiment on trouuera de belles places par tout, outre la grand place du milieu, qui a 6. costez, à chacun desquels est vn grand pauillon, estant par le bas la moitié vouté en arcades, tellement qu'on peut aller a couuert de la pluye tout autour de ladite place, ayans à leurs costez 6. ruës auec leurs bastimens & grandes places au milieu d'iceux en forme de triangle : neantmoins tout le bastiment & pauillons sont en quadrature pour grande commodité & beauté. Du milieu de la grande place, le canon peut tirer par toutes les rues. Prenant le compas, & apportant les mesures sur l'eschelette, on aura ce qu'on cerche, tant au plan qu'en la perspectiue.

B

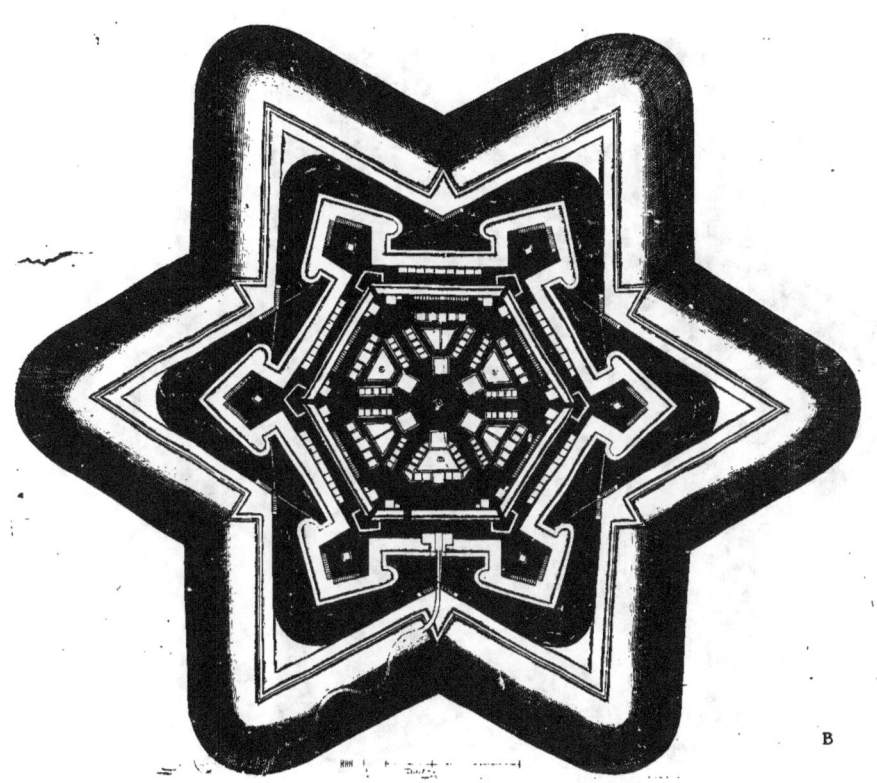

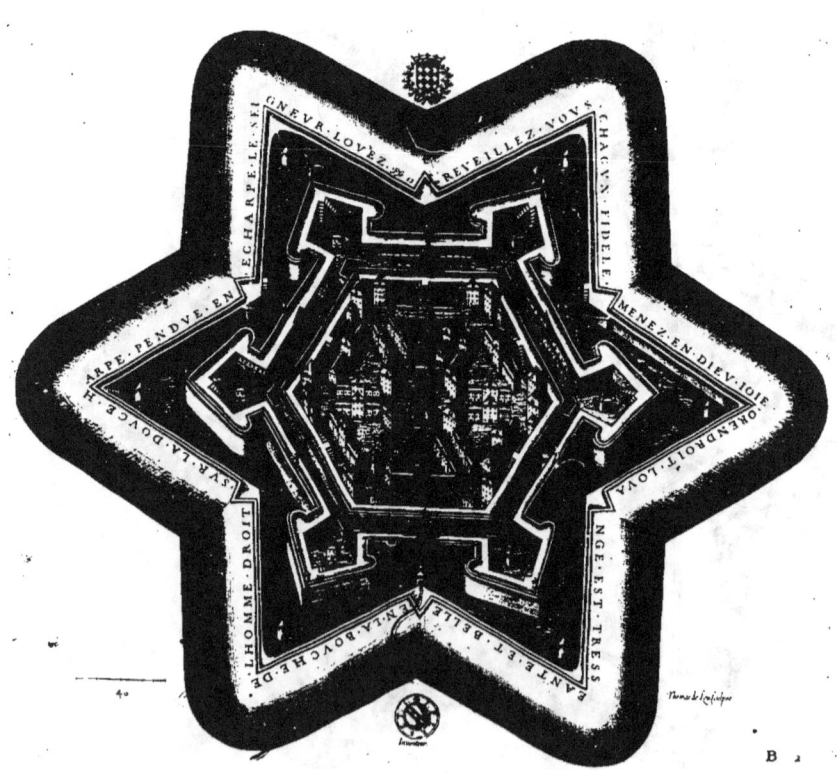

ESTE forteresse ou ville, comme on la voudra nommer, a sa citadelle au milieu en quadrature, parfaite de 80. toises chacun costé, tant pour les courtines, que bastions, ayant en ses quatre angles quatre bastions retranchez en forme de tenailles : parce que autrement seus, leurs angles exterieurs seroient par trop aigus. Les courtines ont 44. toises de long, depuis l'espaule & canoniere d'vn bastion, iusques à l'espaule & canoniere de l'autre bastion opposité: & depuis ladite espaule iusques à l'angle interieur 18. toises, qui est pour la largeur interieure de chacun bastion d'vn costé & d'autre. Ainsi en tout sont 80. toises, pour l'vn des costez: l'espaule a 16. toises depuis la courtine, iusques au front du bastion, y comprenant toufiours 5. ou 6. toises pour les canonieres, ou casemates. Les courtines & bastions ont de hauteur enuiron 8. toises, y compris leur parapet, & d'espoisseur enuiron 9. toises, tant muraille, que de terre-plein, & à l'endroict des espaules 11. toises outre les 5. ou 6. toises reseruees pour les canonieres. Au retranchement des angles de chacun bastion sont deux canonieres à dextre & à senestre, pour faire la defense d'iceux.

Estant entré, on trouuera les montees des courtines & bastions pour monter sur leur terre-plein, & à chacune entree des bastions, vn grand pauillon quarré de 9. toises de largeur de chacun costé, & 12. toises de haut, estant loin du terre plein de 3. toises, afin que le canon puisse passer aisément entre deux ils seruent de fort bon retranchement, & pour flanquer au dedans au terre-plein & du bastiment, qui les ioinct tout à l'enuiron, & pour tenir les munitions: lequel bastiment a de largeur tout à long 6. toises, & de hauteur 8. toises, & les petits pauillons, qui sont par tout 10. toises. Les ruës sont larges de 6. toises, le bastiment s'entretient par terrasses à hautes arcades sur les ruës: tellement qu'on peut aller par tout de l'vn à l'autre par le haut. Tout le bastiment se peut diuiser en 4. palais excellents, ayant chacun d'iceux au milieu vne grande place quarree, comme est celle du milieu de tout le bastiment, qui est enuironné de huict pauillons qui se ioignent par quatre terrasses, pour seruir comme de theatre à regarder la place du milieu, de laquelle le canon peut tirer par toutes les ruës. Estant sorti de la citadelle, on trouuera tout à l'enuiron d'icelle vne grande place, seruant de fossé à sec paué, ayant de largeur au plus estroit 18. toises iusques au bastiment, de la premiere enceinte, lequel a de largeur 12. toises, tant de bastiment, terre- plein, que muraille pour le parapet & fausses brayes au dehors a tre le fossé, lesquels ont d: largeur 16. toises par tout. Ceste enceinte est faite en forme d'vne large croix retranchee, ayant de hauteur 6. toises, y compris son parapet, & 2. toises de profondeur. Au dedans on trouuera à chacun angle deux pauillons à dextre & senestre, qui seruent comme de bon retranchement, & pour flanquer en dedans tout le long du bastiment, & fossez à sec, ayans deux montees pour aller sur le terre-plein, & aux 8. angles interieurs sont 8. pauillons auec grands escaliers, pour monter aussi sur le dit terre-plein, & pour y tenir le corps de garde. Le bastiment n'a que 4. toises de largeur tout le long, lequel est mis sur des voutes & arcades qui sont à rez terre, & par lesquelles on va à couuert de la pluye tout autour, y ayans boutiques de marchandise qui veut. Le couuert d'iceluy bastiment peut estre en forme de terrasse ioignant le terre-plein, ou autrement à plaisir. Ceste enceinte a ses canonieres pour tirer par dehors tout le long du fossé, est flanquee par tout. Le contrescarpe est haut depuis l'eau du fossé de 4. toises, & autant de large, iusques au terrein, lequel auec la banquette est plus haut que le contr'escarpe. de 6. pieds, pour aller à couuert, lequel terrein descent vn peu en talus iusques à d'autres fossez, si la situation de la forteresse les peut auoir, laquelle estant enuv coupeau, seroit tant plus d'excellente beauté. On trouuera le bastiment tout à l'enuiron de la citadelle d'vne toise plus haut que ne sont ses courtines & bastions, & iceux bastions & courtines plus hauts d'vne toise que n'est l'enceinte & bastiment en forme de large croix retranchee, & icelle enceinte d'vne toise plus haut que n'est le terrein: tellement qu'on peut voir & tirer harquebuzades depuis ladite citadelle, iusques audit terrein tout à l'enuiron, & par dedans tout le long du bastiment de ladite enceinte comme aussi fait le canon. L'eschelette monstrera auec le compas toutes les mesures.

Pource que plusieurs ont escrit des principes de Geometrie, fortifications, Architecture, & Perspectiue, ie n'en mets point en ce liure, ains seulement des effects d'iceux.

C

DE DIEV SONT LE VRAY TEMPLE D'ICELVY

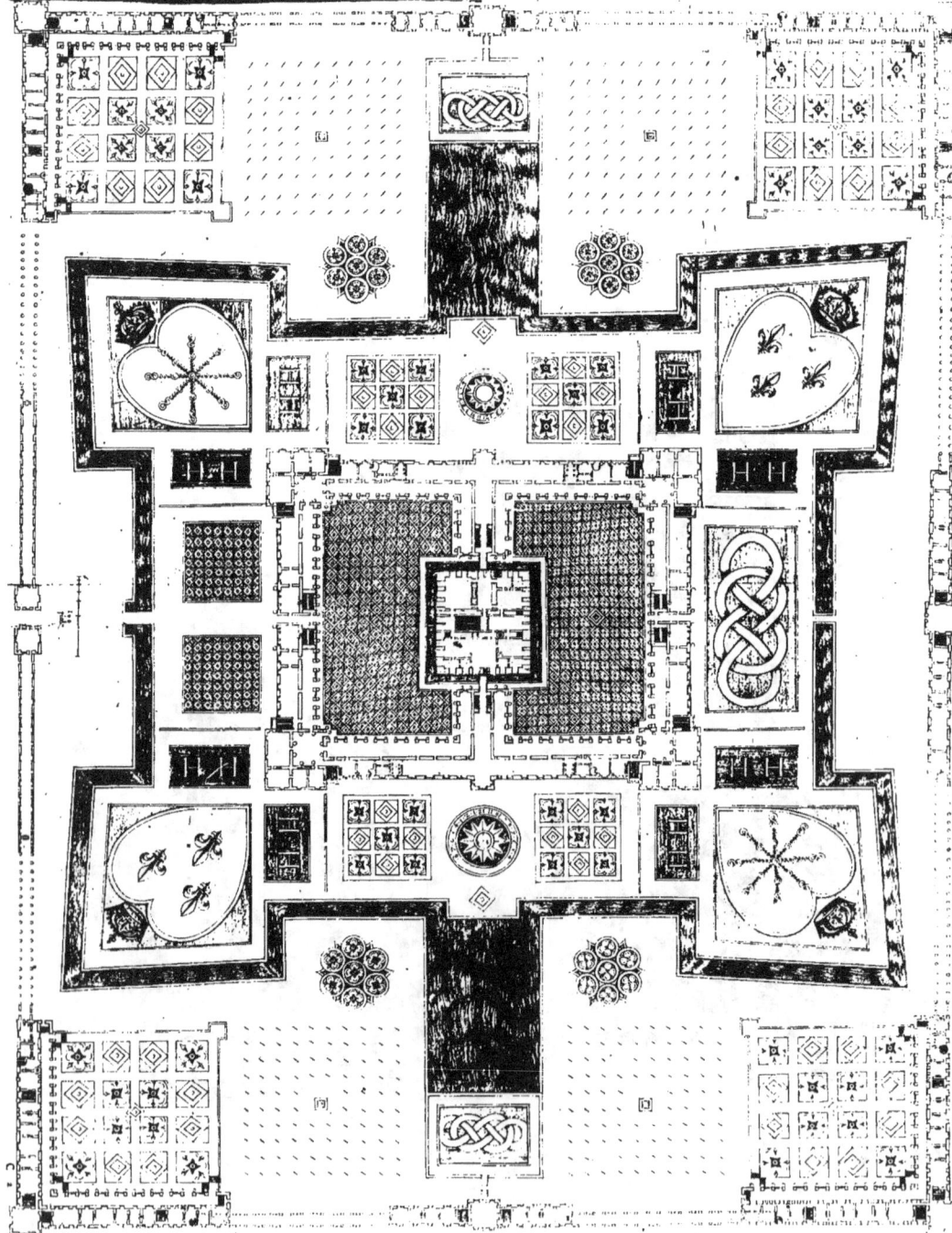

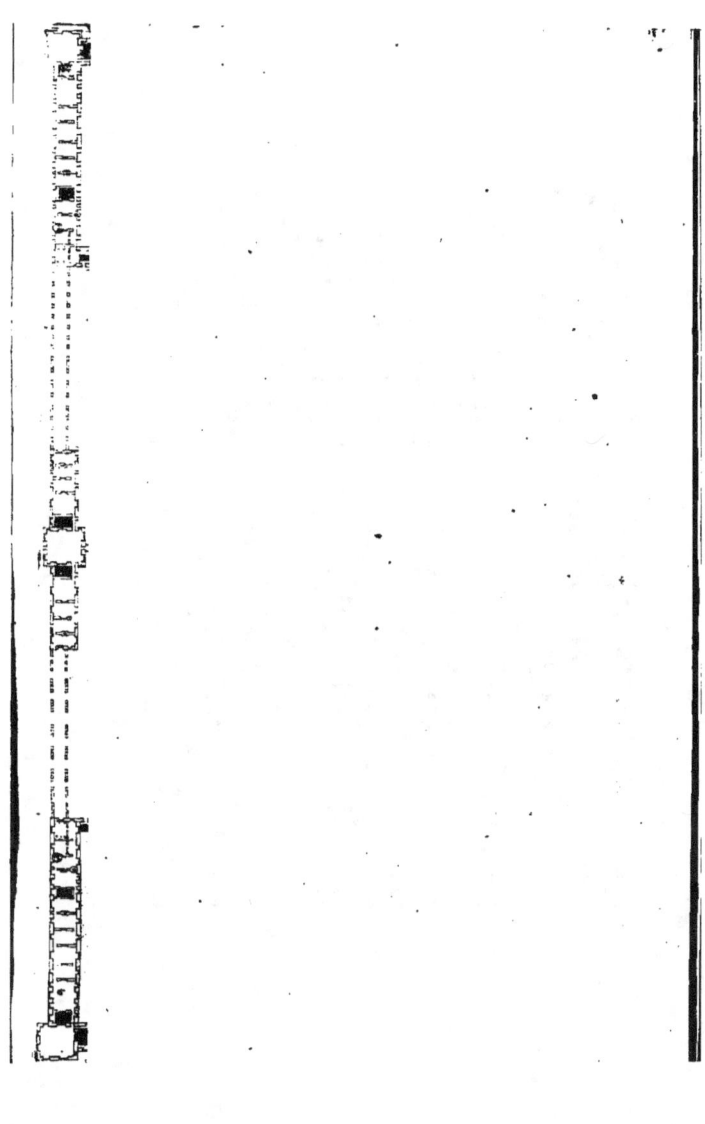

E ce, mon pauillon est sans esteage entre pa sault ayant de tous costez... toi ses de long. Les murailles qui l'enuironnent ont 4.pieds de large, & celles du milieu qui souftiennent l'escalier 3. pieds. Tout l'escalier a 3. toises & demy de largeur dans œuure y comprenant son meslon. Il y a deux portes, à l'entrée chacune ayant vne toise de large & 2. de haut. Eftant entré à main droite on trouuera vne sale moienne ayant 6. toises de long, & 4. de large, deux fenestres au deuant & deux à costé: toutes les fenestres de ce pauillon ont vne toise de large & 3. de hault. D'icelle sale on entre en vne belle chambre de 4. toises de long & 3. de large, ayant sa fenestre au milieu afin que le grand lict & petit soient en lieu conuenable touíours opposites, & que la table au deuant de la cheminée & le buffet n'empeschent nullement le passage de la riere-chambre, laquelle à sa cheminée & lieu suffisant pour mettre grand & petit licts opposites. La garde-robbe est de l'autre costé & de mesme grandeur ayant sa cheminée & les priuez separez. On peut entrer si bon semble dedans la chambre par vne porte qui est dessoubs le repos de l'escalier, là où il y a aussi vne porte pour entrer dedans vne salette pour les seruiteurs. Et d'icelle par deux portes à dextre & senestre là ou on veut. Et au droit de l'vne des fenestres d'icelle on peut faire vne moienne porte pour sortir par le derriere aux places & iardinages qui sont à la volonté du seigneur à l'enuiron du pauillon, car s'entens qu'il y ait des fossez & pont-leuis. A main senestre de l'escalier est aussi vne semblable sale, & passant plus auant est vne cuisine de mesme grandeur que la chambre, & passant encores plus outre on trouuera le four & fontaine & vn petit cabinet, & de l'autre costé separé le garde-manger auec vne cheminée, on peut aller d'vn membre à l'autre à plaisir comme le plan & perspectiue le monstrent. Si on veut faire la cuisine & autres membres d'office en bas auec les caues on pourra auoir au lieu d'iceux vne grand sale & belle chambre derriere pour plus grande beauté, car la descente se fait par l'escalier, & en bas il y a assez de place pour tous les offices & les caues. Tout ce premier baftiment est à plan-pied sur les caues. Or il faut entendre que les deux sales qui sont à l'entrée ont chacune 4. toises de hauteur, mais tous les autres membres en derriere qui sont de moyenne grandeur en double estage n'ont que 2. toises de hauteur & leur entree se fait sur le premier repos de l'escalier qui s'en va sur la salette, laquelle a deux petites galeries de tous costez pour entrer là où on veut. D'icelle gallerie on voit le bas de la salette, ou bien qui veut faire vne semblable salette, de laquelle on peut aller par tout à plan-pied sans aucune gallerie. Cela est à la volonté du seigneur, car il est faisable. Ces seconds membres sont de grande commodité pour les seruiteurs remplissans par tout le pauillon sans laisser aucune hauteur vuide ou superflué. Et neantmoins la perspectiue & senestrages demeurent touíours belles & dehors & dedans. Le fenestrage du deuant est du tout semblable à celuy du derriere, & celuy d'vn costé semblable à l'autre.

L'escalier a 14. degrez iusques au premier repos, chacun degré à demy pied de hault, ainsi les 14. degrez font 2. toises de hault pour tous les petits membres. Puis de ce premier repos sont autres 14. degrez montans contre le deuant iusques au second repos, qui est sur l'entrée des deux portes. Eftant là on trouuera tout le baftiment & second estage à plan-pied, comme le dessoubs haut de l'vn à l'autre 4. toises. A l'entrée senestre de ce second estage on trouuera vne grande sale ou gallerie (comme on le voudra nommer) contenant 12. toises de long depuis le deuant iusques au derriere & 4. toises de large ayant 4. senestres d'égale distance, & 2. senestres deuant & autant derriere. Et si semble à quelqu'vn que ceste sale soit trop longue, on la peut retrancher par vne belle chambre, & icelle chambre separer en deux membres si bon semble, le reste demeurera bien aire & proportionné, ayant deux cheminées au long de l'escalier qui veult, & qui sont prises particulairement du tuyau des cheminees des membres inferieurs, comme sont aussi les autres deux au costé dextre de l'escalier, vne au milieu de la grande chambre, qui estoit vne sale au dessoubs qui a 6. toises de long, & 4. de large, & l'autre au milieu de la riere-chambre, & deux autres, l'vne à la garde-robbe, & l'autre au cabinet se ioignans en vn tuyau. On peut auoir en estage à plan-pied vne petite salette derriere l'escalier, comme celles du dessoubs, ayant son entree des petits membres à dextre & senestre. Ainsi se void clairement que rien n'est vuide en tout ce pauillon, comme i'ay taché de faire en tous mes autres baftimens. L'autre troisiesme estage au dessus peut estre semblablement basty iusques au toict & greniers, ainsi ces 3. estages ont chacun 4. toises de hault. Les caues & senestres d'icelles auec la fondation ont 3. toises de hault, & les greniers auec les barbacanes autant iusques au toict. Eftant monté au dessus de l'escalier on trouuera vn beau fenestrage en façon de lucerne, ayant sa terrasse au dessus pour vne beauté: & montant plus hault par vn petit pauillon, lequel prend son fondement sur l'escalier, & au milieu de tout le baftiment on trouuera vne grande terrasse qui racourcit la grand hauteur de tout le toict pour vne grande beauté. Ce petit pauillon prend son iour des lucernes qui sont tout à l'enuiron d'iceluy montant à plaisir par dessus ladite terrasse qui sert comme de sentinelle & belle veuë.

D

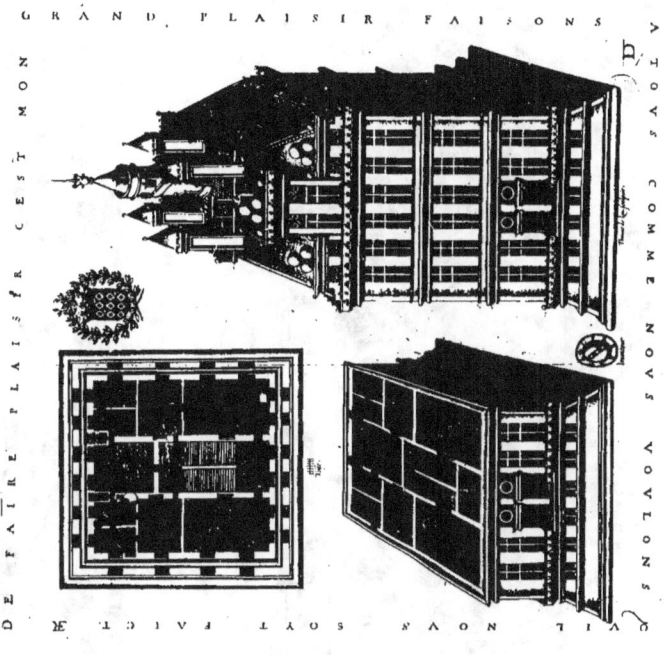

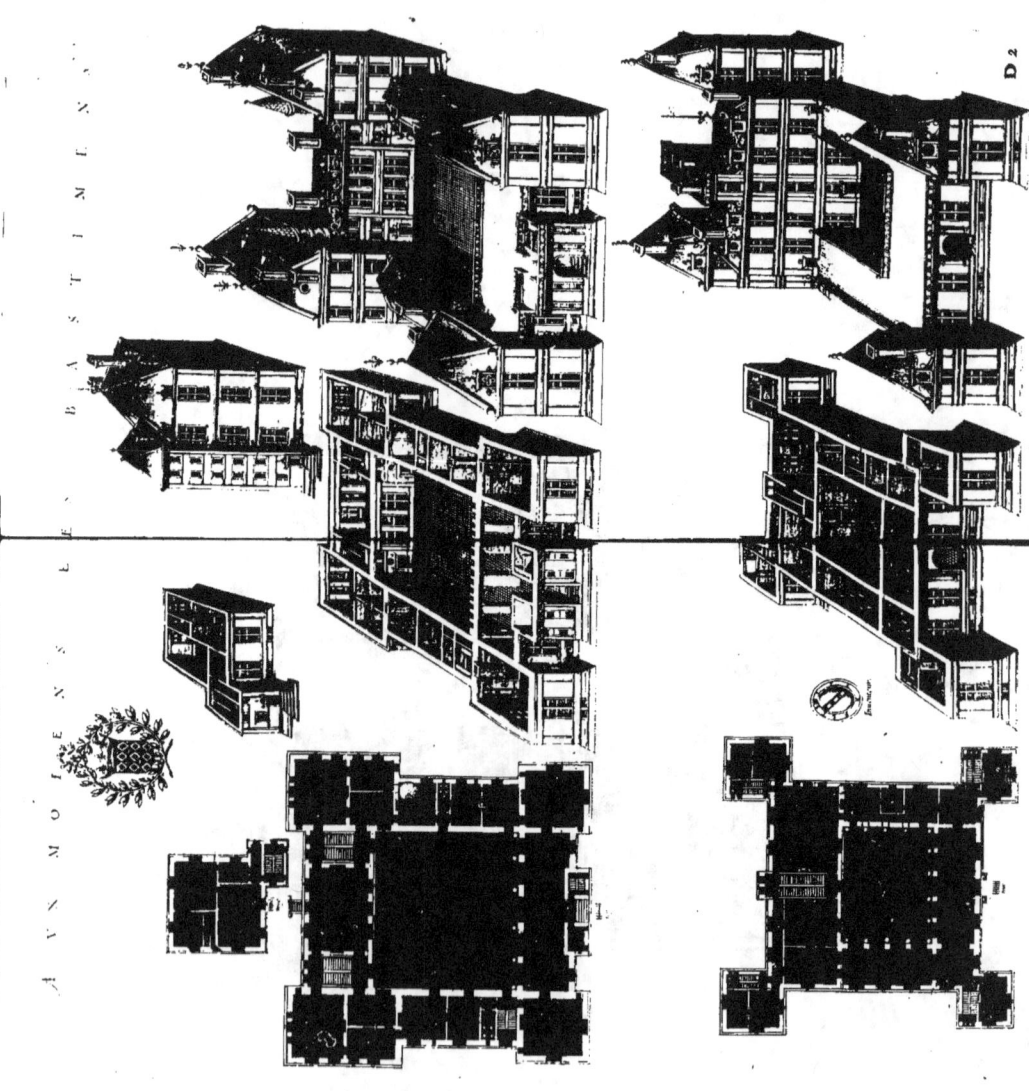

ESTE figure est de deux bastimens: à sçauoir d'vn temple moyen au dessus & vn beau bastiment au dessoubs. Le temple a 11.toises de tous costez en quadrature par dehors, sans y comprendre les 4.saillies aux 4. costez & 11. toises dans oeuure. Sa muraille a vne toise d'espesseur, & les saillies 4 pieds tant seulement, parce qu'elles ne montent guères haut, il est par tout enuironné de 4 degrez pour les montees par dehors. Et en dedans tout à l'enuiron sont trois degrez ou bancs, en maniere de theatre ioignans la muraille, & apres belle allee à l'enuiron. Puis les chaires des seigneurs & place pour les dames, & au milieu les bancs pour les femmes populaires, ayant par tout spacieuses allees pour le passage. Au dessus desdits 3. bancs sont des galleries tout à l'enuiron d'vne toise de largeur ayans ses bancs en la mesme maniere de theatre. Ces galleries sont hautes de terre 20. pieds, on y monte par deux escaliers qui sont au clocher & principal portail à dextre & senestre & aussi par vn escalier, qui est à la saillie opposite au clocher là où il y a vne moyenne chambre pour le consistoire. Ces escaliers ont chacun 8. degrez iusques au repos & demy pied de haut, commençant leur montee au deuant par dedans iusques au premier repos, qui touche le temple, puis remontant sur le deuant autres 8. degrez est le second repos, puis de là remontant contre le temple autres 8. degrez, est le troisiesme repos, puis de là remontant encores 8. degrez contre le deuant, est le quatriesme repos, & finalement de là remontant encores 8. degrez contre le temple, on entre dedans iceluy à plan-pied sur les galleries, qui sont hautes de la terre 20. pieds, comme dit est. Les escaliers ont 4. pieds de long deçà & de là le merlon & les repos 4. pieds de large, & enuiron 9. pieds de long il se doit continuer tant seulement vn des escaliers du clocher iusques à la campane & orloge, lequel peut faire monstre dedans & dehors du temple & auoir des belles chambres au clocher pour l'habitation du gardien. Ce temple n'a qu'vne seule arcade de pierre espesse de 5. pieds, & large en son ouuerture au dessoubs de 7. toises, au pied de laquelle est la chaire pour faire les prieres & predications, il est autant haut que large par dehors, iusques au toict, lequel est faict en maniere de berceau, se soustenant sur ladite arcade & a ses deux costez esleuez de pierre. Le plan, la perspectiue du dedans & du dehors monstrera le tout auec le compas sur l'eschelette.

Ce beau bastiment est composé de deux grands pauillons quarrez & vne grand salle commune entre deux. Les pauillons ont 10. toises de long de chacun costé hors oeuure & 8. toises en dedans. Les murailles sont espesses d'vne toise. La salle a 12. toises de long, & 5. toises 2. pieds de large dans oeuure, & sa muraille n'a que 4. pieds d'espesseur, parce qu'elle n'a qu'vn estage auec ses galleries au dessus. L'escalier a 24. degrez iusques au premier repos, par le quel on entre en vne riere-chambre, parce que de ce costé il y a double estage auec les autres petits membres qui luy touchent. Et de ce premier repos on remonte tirant au deuant autres 24. degrez pour venir au second repos à plan-pied du second estage, qui est de 4.toises de hault comme la dessoubs, & encores de ce second repos on remonte autres 24. degrez tirant sur le derriere pour venir au troisiesme repos, pour entrer dedans les galleries & bastimens qui sont à costé d'iceluy en derriere au dessus de la sale, laquelle a 6.toises de hault. Puis ledit escalier contient autres 24. degrez sur le deuant pour entrer à plan-pied au troisiesme estage, & de là aux greniers, ainsi lesdits pauillons ont 12. toises de hauteur, sans les caues. Les escaliers ont vne toise de long d'vn costé, & d'autre vn pied de large & demy pied de hault. La grand chambre a 5. toises de long, & 1. toises 4. pieds de large, & 4. toises de hault. La riere-chambre a 3. toises de long, & 2. toises 4. pieds de large & 2. toises de hault, comme est la hauteur de tous les petits membres de ce costé, ayant sa garde-robbe, cabinet & priuez tout ioignant auec des petits degrez pour monter dessus ses petits membres qui ont tousiours double estage pour la commodité des seruiteurs, & qu'il n'y ait rien de vuide. Les fenestres des pauillons ont toutes 5. pieds de large, & 15. pieds de hault, & 3. fenestrages aux 3. costez du tout semblables en belle perspectiue dehors & dedans. Il y a 4. fenestres au deuant de la sale & autant au derriere chacune d'vne toise de large, & 3. toises de hault: & son portail au milieu au dessus du perron, qui a 4. degrez. Il y a aussi vne porte & vn perron à chacun pauillon pour entrer dans iceux sans entrer dans la sale. Il y a aussi au milieu de la sale sur le derriere vne porte auec vn petit pont pour aller aux iardinages & des degrez pour descendre aux fossez. Les caues & offices, plate forme & fossez se feront à la volonté du seigneur qui fait bastir & selon la situation du lieu.

E

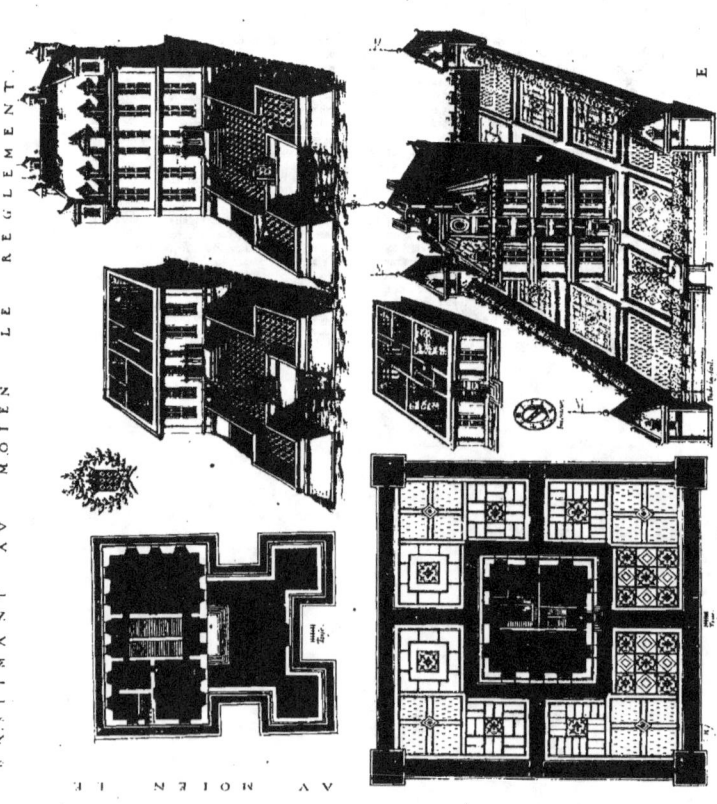

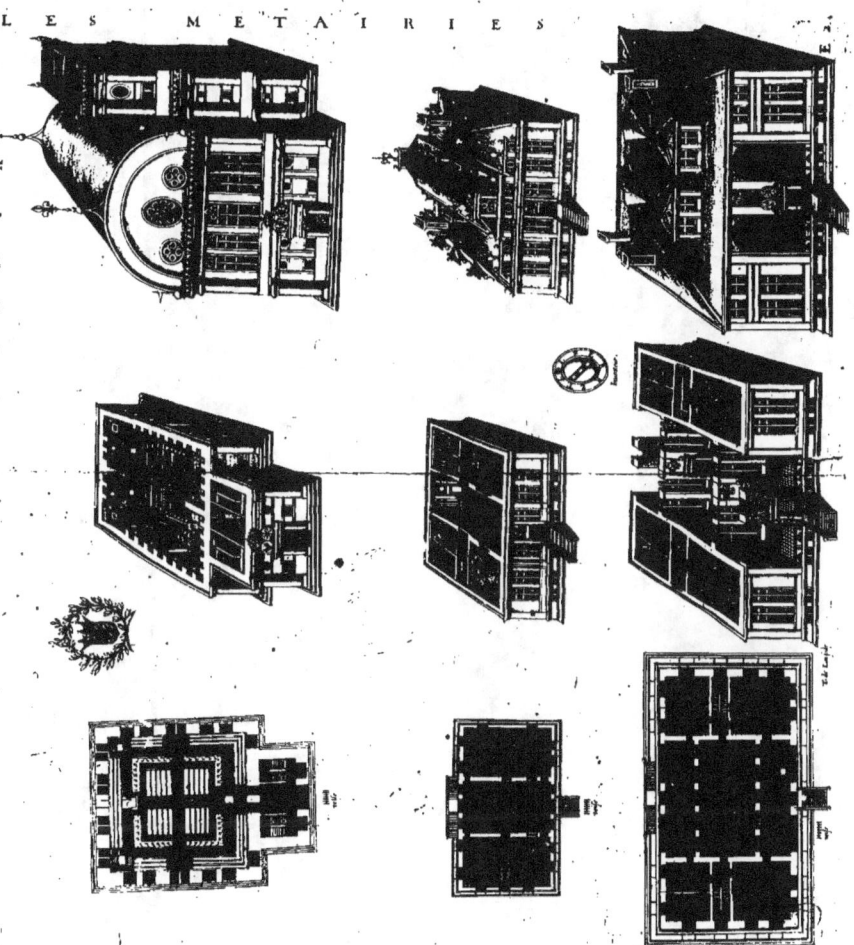

ESTE figure est de diuers plans de fortifications & de diuers profits pour contenter diuerses opinions. Mais en vne grande importance & defpence il se fault resoudre par vne bonne consultation de gens capables & bailler la charge à vn seul pour commander.

Quant aux contremines plusieurs sont d'opinion de les faire dans les fossez, afin que l'ennemy n'entre point dedans la forteresse.

Les Capitaines bien experimentez veulent que les forteresses soient si bien faictes que l'arquebuze face par tout à l'enuiron la defence (outre le canon) & que l'arquebuzade y puisse tellement atteindre qu'elle produise son effect pour offenser qui n'a que quatrevingts ou cent toises. La toise estant de six pieds de Roy, faut aussi que lesdites forteresses aient d'espesseur aux courtines & bastions enuiron neuf toises tant de muraille que de terre-plein sans l'escharpe, & de 16. a 17. toises à l'endroit de l'espaule y comprenant cinq ou six toises pour les canonieres ou casemates ausquelles ne faut aucunes pierres, ains du ciment ou terre luttee ou bien chaulx & sable & quelques bois tendres pour l'entretien & separation desdites canonieres, & aussi la courtine touchant les casemates, Et c'est pour bien resister & amortir les coups de canon & des bricoles. Et de hauteur enuiron huit toises de puis le fond du fossé, y compris le parapet, & aussi que lesdits bastions soient si prez les vns des autres que le tout soit bien obserué, tant que la nature du lieu le peut porter. Car il faut tousiours fortifier selon le site, & aussi selon l'ennemy que l'on craint d'auoir affaire. Car s'il est fort puissant, il luy faut bastir à l'encontre vne forte & puissante ville pour le moins de huit ou dix bastions sans citadelle, & qu'ils soient auec les courtines plus forts grands & espés qu'on n'a accoustumé de faire aiant les fossez & contr'escarpes, de mesme bien munitionné de toutes choses necessaires, auec le nombre des soldats à ce requis, baillant pour chacune toise de tout l'enuiron trois soldats & vn de surplus pour supporter les inconueniens des morts ou blessez, & c'est outre le commun peuple de la ville.

F

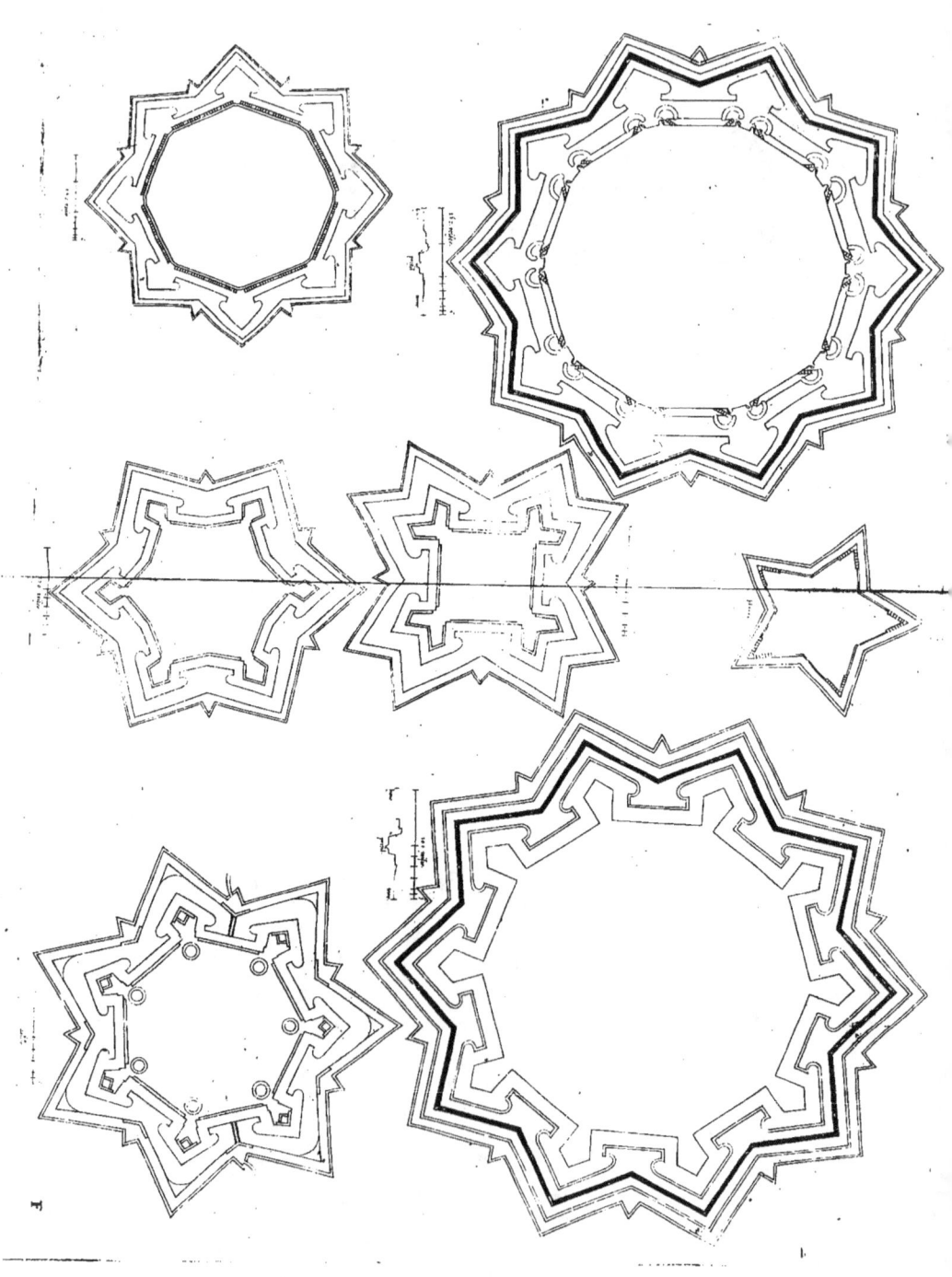

ET·ARTIFICES·SE·IL·NE·LES·APLIQVE·BIEN·PAR·MER·ET·PAR·TERRE·POVR·MAINTENIR·LES·BONS·ET·PVNIR·LES·MECHANS·LE·MAGISTRAT·REGNE·LIEVTENANT·DE·DIEV·PAR·IVSTICE·L'HOMME·TRAVAILLE·EN·VAIN·AVX·INVENTIONS·

ESTE ville a 16. costez à l'enuiron, y comprenant vn de sa citadelle qui entre dedans, ils ont chacun 80. toises de longeur depuis vn angle iusques à l'autre. Et à cause de la grande circonference de la ville, les lignes de l'espaule sont vn peu l'angle aigu sur les courtines, afin que les bastions soient plus près l'vn de l'autre, & que la fosterelle en soit tant meilleure. Les courtines & bastions ont de largeur enuiron 9. toises, tant de muraille, que terre-plein, & à l'endroict des espaules 10. outre les 6. toises pour les canonieres, & de hauteur ont 7. toises, y comprenant leur parapet, depuis l'eau qui a 12. toises de profond: les fossez ont 12. toises de largeur à l'endro l'espaule. La hauteur de contr'escarpe est de 4. toises depuis l'eau du fossé, & sa largeur iusques au terrein autant, ledit terrein est tousiours plus haut que le contr'escarpe de 6. pieds auec sa banquette, lequel descent vn peu en talus tout à l'enuiron. Estant entré par l'vne des trois portes, on trouuera les montees, tant des courtines, que bastions, pour aller sur leur terre-plein tout autour. A l'entree de chacun bastion est vn grand pauillon rond ou quarré, pour y tenir les munitions, qui sert de bon retranchement. Ces pauillons se flanquent en dedans tout au long du terre-plein, ayans de grandes & spacieuses places iusques aux bastimens prochains, qui sont des grand palais opposites l'vn à l'autre (la ville estant entre deux) le plus grand desquels est pour le gouuerneur d'icelle, l'autre pour vne grande escoule & academie: & auprès d'iceux, sont deux grands Temples aussi opposites, chacun d'iceux ayans assez près vn grand Hospital, ce qui comprend deux angles opposites de la ville. A l'vn des autres deux angles d'icelle est vn Palais pour la iudicature & prisons, & assez près vn autre pareil Palais pour la maison de ville: & à l'opposite au quatriesme angle, sont deux semblables Palais, l'vn pour vn beau College, & l'autre pour les Seigneurs estrangers, que le seigneur, ou gouuerneur veut faire bien loger auprès de son excellent Palais qui est fossé, lié, & tout enuironne de iardinages. La ville est en quadrature parfaite, & les rues toutes droites. Tout le bastiment est fait comme grands Palais se ioignans par tous les carrefours aux pauillons par terrasses sur les rues à grandes arcades: ainsi au milieu de grandes places par tout, pour auoir bon air, & iardinages qui veut. A l'enuiron de la grand place du milieu sont 8. grands pauillons auec leurs bastimens, & après iceux sont quatre grandes places pour tenir les marchez. Toutes les rues ont 6. toises de largeur, leur bastiments autant, & 8. toises de haut, & les pauillons 12.

La citadelle a 5. costez & 5. bastions vn desquels est compris entierement dedans l'enceinte de la ville, les autres deux à dextre & senestre peuuent tirer par tout dedans icelle. tous ses bastions & courtines sont d'vne toise plus haut que ceux de la ville, pour mieux la dominer. Estant entré, on trouuera les montees pour aller sur le terre-plein, tant des courtines que bastions: & à chacune entree des bastions est vne grande terrasse esloignee des terre-plein d'enuiron 3. toises, pour le passage du canon, & qui seruent de fort bon retranchement, & pour tenir les munitions. Elles se flanquent l'vne l'autre tout à l'enuiron du dedans du terre-plein, des courtines, & au long des 5. grands bastimens qui sont aux 5. costez pour les soldats, & le grand pauillon qui est au milieu auec son iardinage, est pour le Capitaine, qui peut voir d'iceluy presque par toute la forteresse. Icelle citadelle a son entree libre dedans la ville, & dehors. comme il faut. Prenant les mesures que l'on voudra sçauoir auec le compas, & les rapportant sur l'eschelette, on aura ce qu'on cerche, tant au plan, comme en la perspectiue.

G

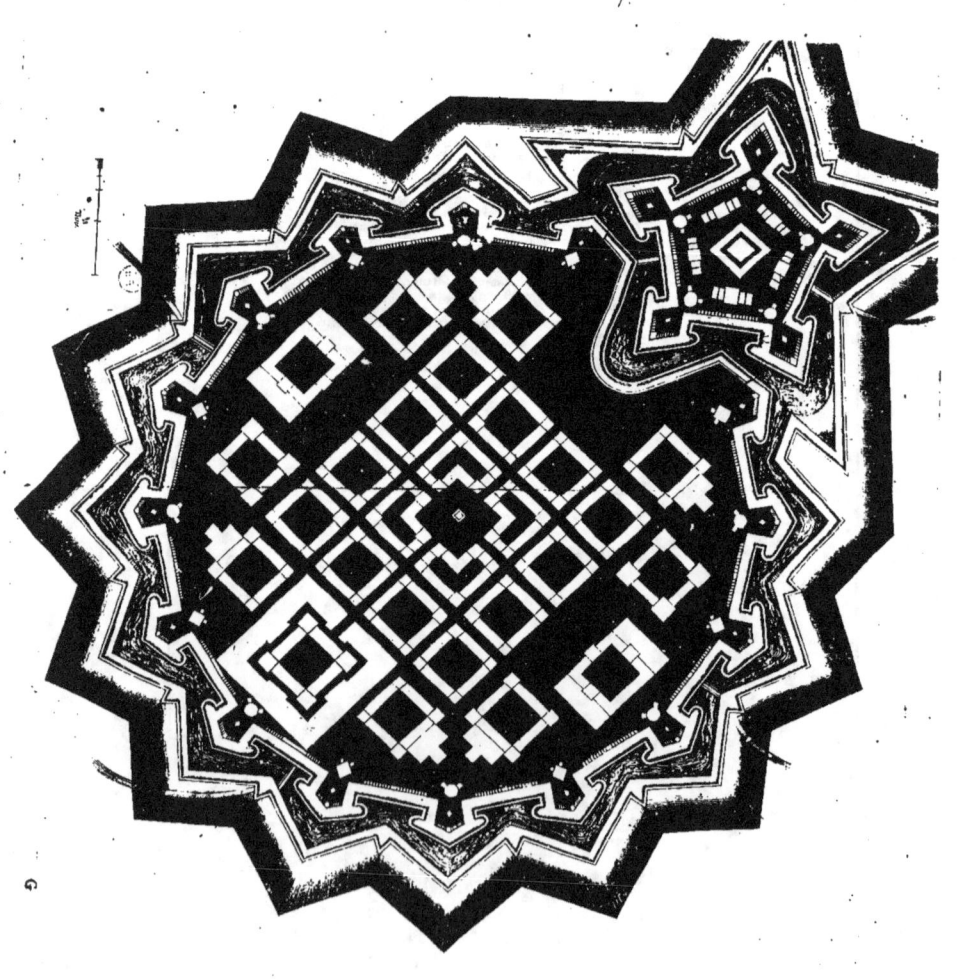

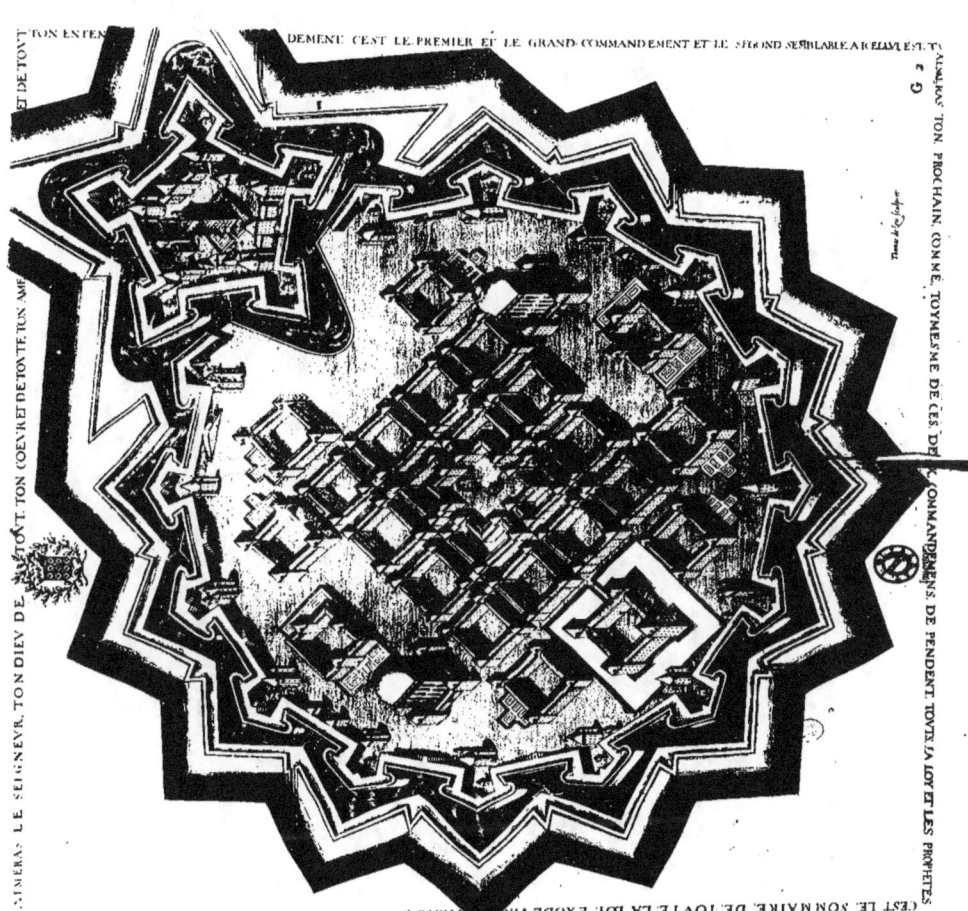

AYANT iufques icy parlé de la fortification des villes & citadelles maintenant ie parleray de quelques artifices de guerre pour la defense d'icelles, comme il a pleu à Dieu m'en donner l'intelligence. Au deſſus de ceſte figure on trouuera vne charrette, ſur l'eſſieu de laquelle ſont quatre ou cinq arquebuts à croc tirans le boulet la groſſeur d'vne eſteuf, & entre deux d'iceux ſont trois lances, au fer deſquelles (qui eſt long & trechant ſont attachees à fil de fer grenades à feu de longue durée & à dextre & ſeneſtre aſſez prés des rouës deux grãds rampons ou partefanes fort trechans pour offenſer gens & cheuaux.

Ceſte charrette a auſſi ſur ſon eſſieu vn mantelet tellement faict, que le boulet du mouſquet ne le puiſſe percer, afin que trois ou quatre puiſſans ſoldats, leſquels pouſſent & gouuernent deuant eux ladite charrette, ne ſoient nullement offenſez. Or ie dis que ſept ou huit ſemblables charrettes plus ou moins miſes au retranchement d'vne breſche faicte en quelque lieu de la forterreſſe ſeruiroient de merueilleuſe defenſe, parce que les ſoldats demeurent touſiours à couuert, & qu'elle ſe peut tourner à dextre & ſeneſtre fort ſoudain & bien defendre, trechanger, remonter & porter par tout en particules.

Icelles ſeruiroient auſſi grandement en la campaigne, car en ayant vne douzzaine ou vingtaine plus ou moins, l'armée peut aller en derriere à couuert, lors du canon, ie dis auſſi que le traict des arquebuts à croc pourra touſiours abbatre trois ou quatre rangs des ennemis qui ſeroient en front, & tant plus leſdites charrettes ſeroient prés l'vne de l'autre, tant plus l'armée ſeroit à couuert. Ceſte charrette a icy deux pourtraicts en perſpectiue pour meilleure intelligence.

On trouuera auſſi au milieu de ceſte figure vne grande butte de douze ou quinze pieds de long & huit de large & ſept de haut miſe ſur vn bas charriot de meſme grandeur, ſes rouës n'eſtans que d'vn pied & demy de diametre. Icelle butte eſt faicte de huit ou dix balles de laine ou de bourre, vieux matras & couuertes que l'on peut aiſement trouuer, & eſtant le tout bien agencé & garotté à gros & prochains cordages, ie dis quelle eſt ſuffiſante pour ſouſtenir pluſieurs coups du canon, car elle peut bien branſler aucunement, mais ſa peſanteur & contre-poids la maintiennent touſiours en ſon lieu. Outre ce qu'on luy peut mettre des appuis en derriere, cõme on veut, elle ſe peut aſſez toſt defaire, remõter & porter en particules là ou on veut, ſoit pour defendre ou offenſer. Ceſte butte a deux pourtraicts en perſpectiue l'vne pour le deuant, l'autre monſtre bien euidemment le derriere d'icelle.

Au bas de ceſte figure eſt vn grand radeau faict de grands & longs bois de ſapins, qui en peut auoir, ou d'autre bois à faute d'iceux, ſe ioignans l'vn l'autre tout le long tant qu'il eſt poſſible, puis à trauers d'iceux ſont autres grands bois ioincts tout au long, & faiſans comme vn autre grand radeau mis ſur le premier & enclauez enſemble auec pilliers & groſſes barres de bois. Ces deux radeaux ſont diſtans de l'autre en hauteur de ſix pieds, dans laquelle diſtance ſont grand nombre de tonneaux vuides, mais bien foncez & cloz, afin que l'eau n'entre dedans. Ce double radeau a ſon gouuernail & auirons ſelon ſa grandeur pour nager là où on veut. Or ie veux dire qu'il ſemble ne pouuoir perir, parce que le bois flotte touſiours ſur l'eau. On void tout à l'enuiron d'iceluy des tonneaux remplis comme on fait les gabions, entre leſquels on peut mettre le canon & ſauconneaux ſelon la grandeur qui ſe fait au plaiſir de celuy qui le fait faire, & ſe peut mettre deux ſemblables radeaux ioincts enſemble & y faire deſſus telle forterreſſe qu'on peut eſtre à ſeureté. Le tout ſe doit baſtir ſur l'eau à cauſe de la grande peſanteur. Et ſi quelqu'vn diſoit que ce radeau ne pourroit bien reüſſir, ie le renuoye à Flaue Vegece au premier liure de Iules Frontin en ſes ſtratagemes 7. chapitre là où il eſcrit de mot à mot. Lucius Cæcilius Metellus, à raiſon de ce que l'vſage des nefs à tranſporter ſes elephans luy defailloient, il fiſt lier des tonneaux enſemble, & les couurit d'ais & entablements & par deſſus eſtans mis les elephans facilement les tranſmit, & paſſa outre la mer de Sicile. Cela m'a fait coniecturer que ſans doute le ſuſdit radeau peut de meſme bien reüſſir, comme auſſi ſeroit vne galere, qui auroit ſon fonds de meſme façon. De laquelle & du radeau on void au bas le pourtraict & perſpectiue.

H

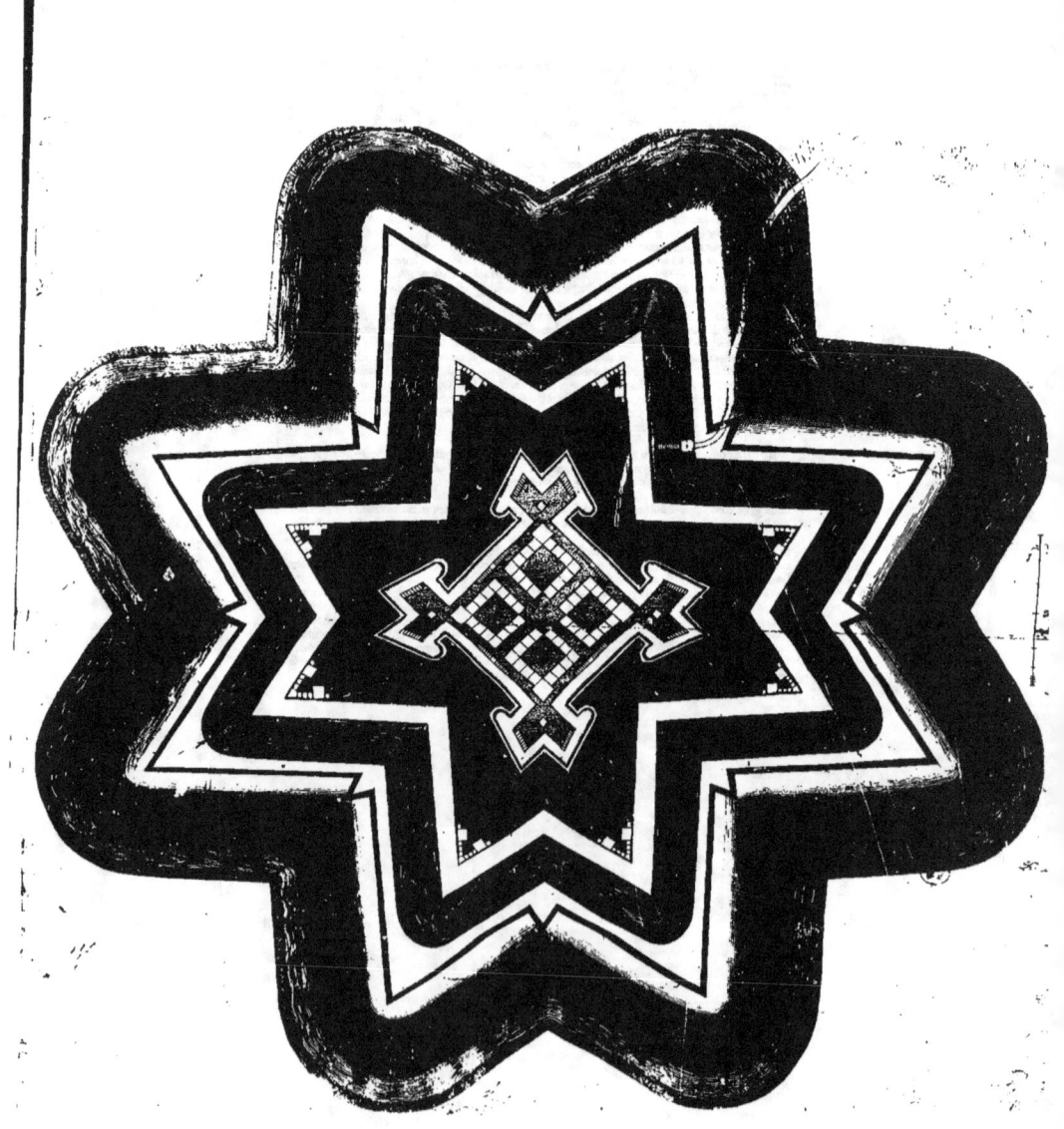

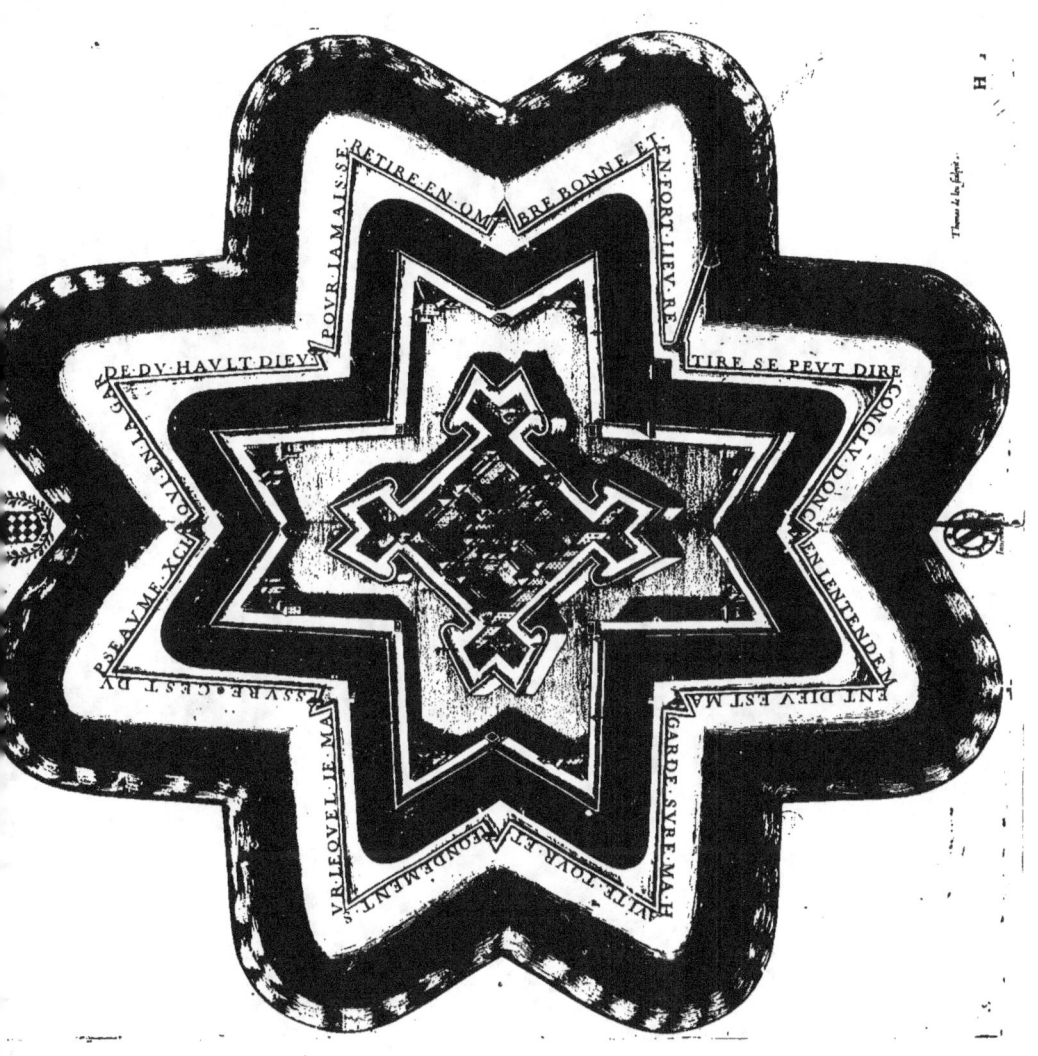

AINTENANT sortant des villes & fortifications pour aller aux champs & metairies, nous trouuerons au dessus de ceste figure vn petit temple quarré contenant 12. toises quatre pieds de long de chacun costé en dehors sans le clocher. la muraille a d'espesseur par toute 1. toise, & de dans l'œuure, il contient 10. toises, 4. pieds de lõg de tous costez & sa hauteur autant, iusques au toict, sans y comprendre trois degrez qui sont dehors à ter terre tout à l'environ pour y monter. Il n'y a qu'vn seul arc de pierre de 4. pieds d'espesseur, qui soustient tout le milieu du couvert, qui est faict en maniere de berceau, son ouverture en base de deg. toises, tirant du clocher à l'opposité ou au pied d'iceluy arc, est la chaire pour faire les prieres & predications. Au dedans tout à l'environ sont trois bancs l'vn sur l'autre touchant la muraille en maniere de theatre. Puis les chaires pour les seigneurs & en apres les bancs pour les femmes ayant tousiours belles allees entre jeux. Du costé de la chaire à dextre & senestre sont deux petits escaliers quarrez de bois & à iour pour monter sur les galleries qui sont tout à l'environ sur lesdits trois bancs. On y monte aussi par deux escaliers qui sont à dextre & senestre dans le clocher & grand portail, au dessus duquel est la chambre pour le consistoire, & plus haut pour le gardien & orloge qui fait monstre dehors & dedans le temple. Et tout haut est la campane, sa ouverture en en terrasse, les escaliers ont huit degrez de monter iusques au premier repos qui sont quatre pieds de haut à demy pied pour chacun degré. Le commencement de la montee est du deuant huit degrez tirans contre le temple. Et de ce repos remontant autres huit degrez contre le deuant & encores remontant contre le temple huit degrez sont en tout 24. degrez par trois montees pour venir à plan pied aux galleries qui sont de dans le temple hauts de laterre à 4. toises. les escaliers ont 8. pieds de long au plan dedans l'œuure. Le plan de ce temple & sa perspectiue du dehors & du dedans par le moyen de l'eschelette monstrera le tout. La perspectiue du dedans du bastiment n'a encores esté faicte par aucun, que ie sçache, comme est icy & en toutes les figures suiuantes, & neantmoins elle est autant belle & necessaire que celle de dehors.

Au milieu de ceste figure est le bastiment d'vne metairie, pour serrer les vins, grains & fruicts necessaires en bon air, La face au deuant a de long 14. toises, en dehors & de large huit toises, Les murailles ont 3. pieds d'espesseur. Les caues qui sont au dessoubs de tout le bastiment auec les offices ont 3. pieds de monstre sur la superficie de la terre tant pour le fenestrage que muraille, que aussi pour faire vne porte à doubs le repos de 10. degrez pour descendre en iceluy, &pour monter à la sale & par tout le bastiment à plan pied. la sale a 7. toises de long dans œuure, &4. toises de large, & 5. de haut, iusques à son grenier. A main dextre d'icelle est vne belle chambre quarree de 4. toises chacun costé, & passant outre sur le derriere est la tierce chambre aiant 3. toises de long, & 2. & demy de large auec sa garde-robbe luy touchant , ensemble les priuez au coing & des petits escaliers pour monter au dessus de ces petits membres, que ie fais tousiours à double estage pour ne laisser rien de vuide ou inutile. A main senestre de la sale est aussi vne chambre ayant 4. toises de long, & 3. toises de large luy touchant sa garde-robbe, cabinet & priuez au coing. L'escalier cessent aux caues & cuisine qui sont en bas & monte aux secondz & petits estages, & de la aux greniers tant de la sale que des autres membres. La descente est encores à dextre & senestre par dehors en degrez contre le milieu de la sale au derriere pour aller aus dites caues, cuisine & iardinages. La hauteur des deux chambres sur le deuant est de 3. toises 2. pieds iusques à leurs greniers, lesquels ont par tout beaux fenestrages en lucernes.

Icy bas est vn bastiment plus grand pour vne autre metairie, ayant des galleries à couuert deuant & derriere & la grand sale au milieu. La face au d'chors a 12. toises & demy de long & de large 9. toises 4. pieds. Les murailles tout al'environ ont d'espesseur 3. pieds & demy Les caues, cuisine & autres offices qui sont en bas apparoissent sur la superficie de la terre de 6. pieds, tant pour leur fenestrages que muraille, que aussi pour faire vne porte au dessoubs du repos des degrez pour descendre aus dites caues & offices, monter dans les dites galleries & en tout le bastiment à plan pied. Il y a 12. degrez en dehors pour monter aus dites galleries. Lesquelles ont chascun deux toises de largeur dans œuure & huit toises de long auec la muraille, & 5. toises 4. pieds de haut. La sale a aussi 8. toises de long. 4. toises de large y comprenant les murailles, & 6. toises de haut iusques à son grenier ; elle a dextre & senestre deux escaliers semblables pour monter au dessus des petits membres qui sont tousiours à double estage, & de la à les escaliers montent à tous les greniers & descendent iusques aux caues & autres offices. Il y a aussi descente aus dites caues & cuisine sur le derriere per des degrez à dextre & senestre au droit du milieu de la gallerie. Les grandes chambres de deuant ont chacune 4. toises de quarrure, & de hauteur iusques à leurs greniers 4. toises iusques à leurs greniers y comprenant leurs planchiers. Et outre passant l'escalier est leur arriere-chambres, aiant chacune 3. toises de long, & 2. toises de large, ayant aussi chacune sa garde-robbe & priuez au coing tout touchant. On trouuera par toutes les chambres commodité pour mettre grand & petit licts opposites. Au dessus du grand toict de la sale sont deux grandes lucernes pour baillir iour aux greniers d'icelle, car elle a assez grand iour le prenant deuant & derriere des deux grandes arcades des galleries qui ont chacune 16. pied de large, & 5. toises &. pieds de haut sans le portail.

Ie laisse à la discretion du Seigneur de faire la grandeur de la cour, iardinages & vergiers & autres bastimens necessaires, lesquels doiuent estre tousiours clos seurement selon la commodité du lieu où on bastit.

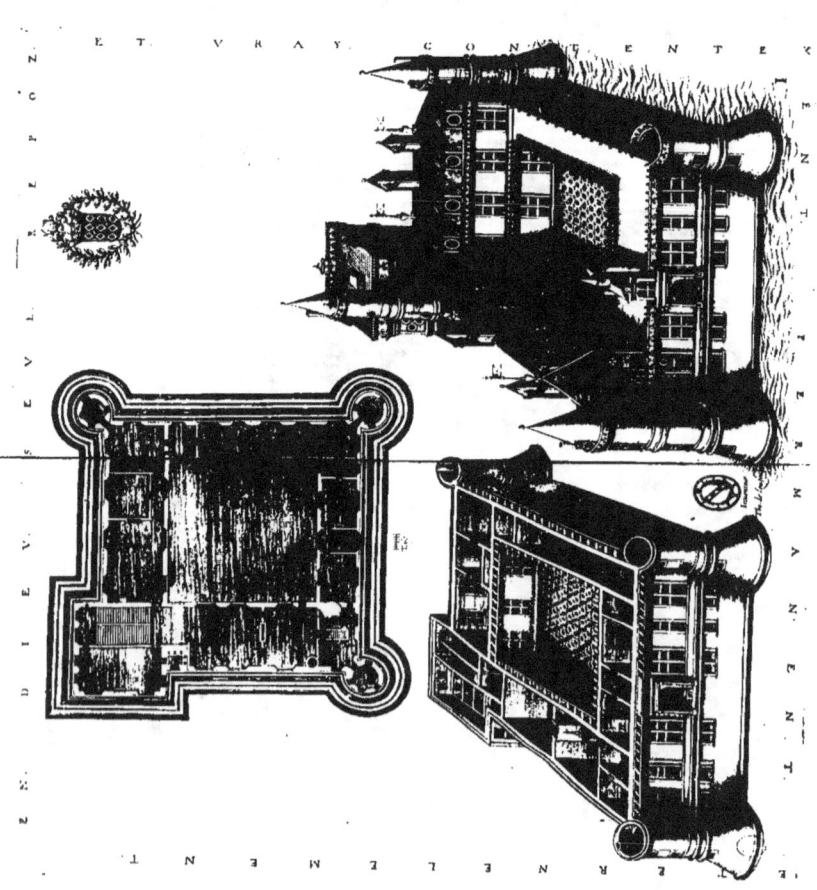

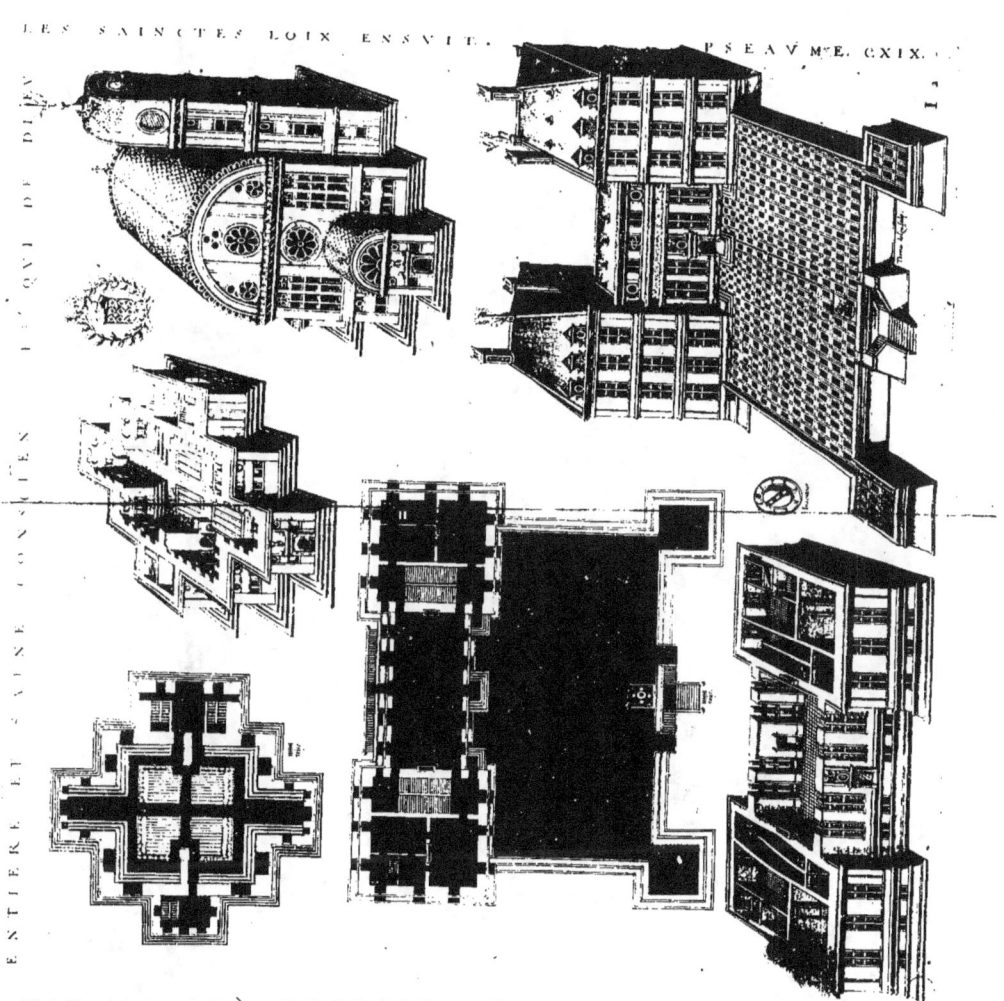

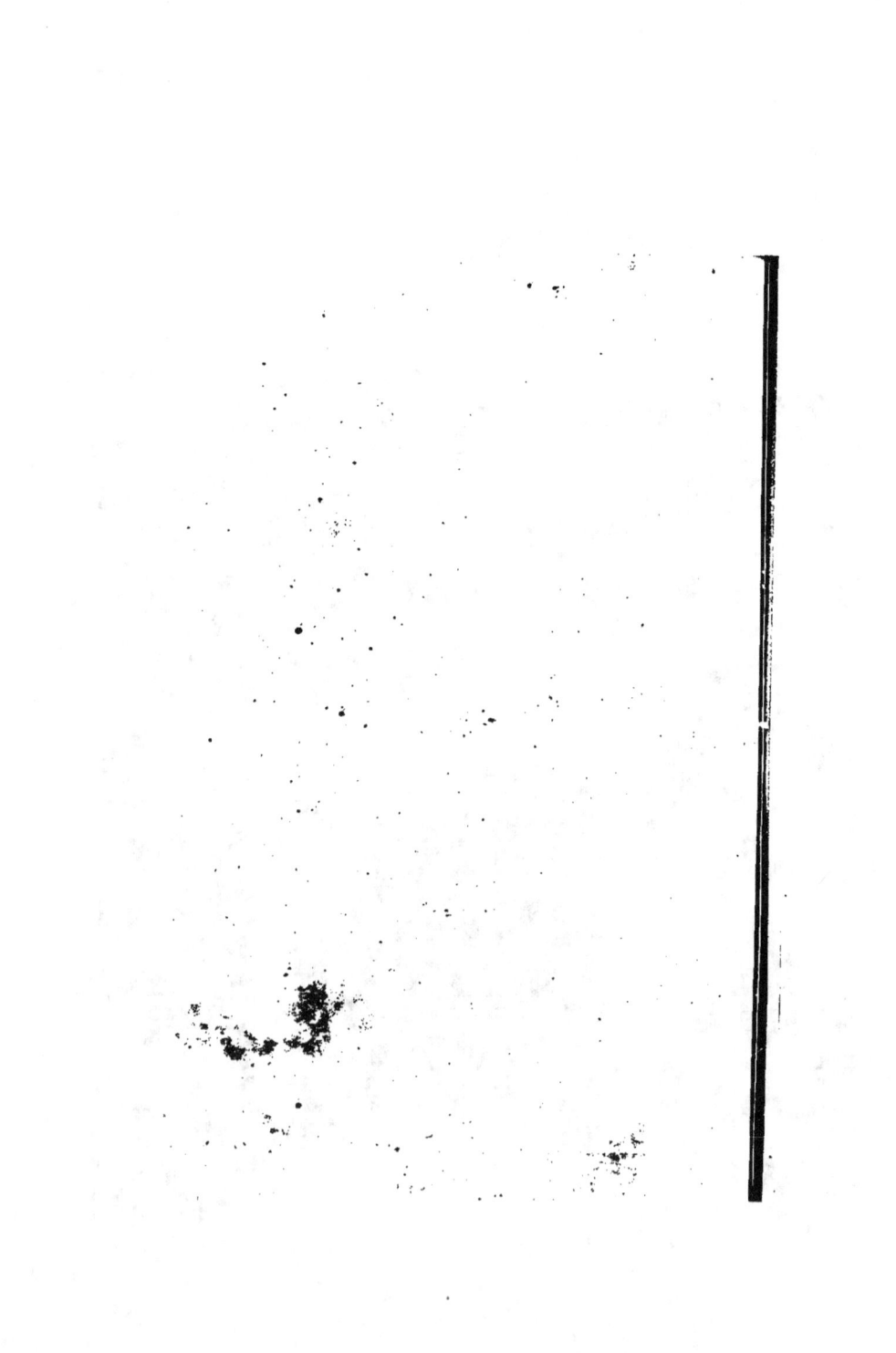

CESTE figure a deux moyens bastimens. La maison qui est au dessus a en face 12. toises de longueur, & 7. de largeur hors l'œuure, la muraille tout à l'enuiron a 3. pieds d'espesseur. Les caues sont au dessoubs qui sont faictes à la volonté du seigneur, comme aussi les fossez & grande platte forme qui est deuant tousiours selon la situation du lieu. Estant monté sur le perron, qui a 6. degrez, on trouuera deux portes à dextre & senestre, chacun de 4. pieds de large & 8. de hault. Et à la dextre de l'escalier on entre en vne belle sale ayant 4. toises de long, & 4. de large dans l'œuure, & 4. toises aussi de hault, y comprenant son planchier. Toutes les fenestres sont semblables deuant & derriere de 5. pieds de largeur & 15. pieds de hauteur. A la fenestre de l'escalier est vne belle chambre de 4. toises de long & 3. de large & de mesme hauteur que la sale & escalier. D'icelle chambre on entre en vne riere-chambre, & d'icelle en la garde-robbe où sont les priuez separez, & des petits degrez pour dessus ces petits membres qui ont double estage pour grande commodité & ne laisser rien de vuide. On y monte aussi par l'escalier au premier repos qui est à 14. degrez là où est la porte. Les cheminees sont au milieu de chacun membre, ayant tousiours places conuenables pour mettre les grands & petits licts opposites sans rien empescher. Estant monté au second estage on le trouuera tout à plan-pied & tout semblable à celuy du dessoubs de grandeur, largeur & hauteur. L'escalier a tous ses degrez de demy pied de hault , vn pied de large, & vne toise de long de çà & delà , le merlon prenant son iour deuant & derriere iusques aux greniers, qui ont par tout lucernes, & 4. grands culs de lampe quarrez qui se flanquent l'vn de l'autre, tirant en bas, seruans de bonne defense auec le mousquet & harquebuze. Le plan de ceste maison auec sa perspectiue du dehors & du dedans par le moyen de l'eschelette monstrera les mesures de tout le bastiment.

A. de. ubs est vn pauillon sans fossez, & au lieu d'iceux est vn iardin auec 4. pauillons petits, se flanquant & entretenans au dedans par des treillis, le tout enuironné de muraille. C. pauillon a 10. toises de long, ..., dehors, & 8. toises 4. pieds à costé. La muraille tout à l'enuiron a 4. pieds d'espesseur, ayant si ... es au dessoubs appartissans sur terre de 2. pieds tant de fenestrage que muraille. Estans monté par le per..ron, qui a 4. degrez est la porte de 5. pieds de large, & 8. de hault. Et à costé senestre d'icelle on entre en vne grande chambre ou salette de 17. pieds de long, & 10. pieds de large & autant de hault, y comprenant le planchier. La chambre qui la suit a aussi 10. pieds d'vn costé, & 18. pieds de l'autre, & aussi 10. pieds de haulteur. Repassant par le deuant de l'escalier on entre à la dextre en vne belle chambre, ayant 12. pieds de long & 10. de large & autant de hault. D'icelle on entre en la cuisine, & de la cuisine plus auant au garde-manger, & à costé au four, où il y a des petits degrez pour monter sur ladite cuisine, & garde-manger, qui ont double estage pour les commoditez des seruiteurs. Ainsi il n'y a rien de vuide demeurant tousiours belle perspectiue dedans & dehors, ayans trois fenestrages du tout semblables par les trois costez, & au deuant deux outre ceux de l'escalier. Les fenestres ont toutes vne toise de largeur, & 14. pieds de haulteur. Les cheminees sont toutes en lieu conuenable, afin qu'il y ait tousiours place pour les grands & petits licts opposites sans nul empeschement. L'escalier a 40. degrez iusques au second estage, & 4. repos faisans 10. pieds de haulteur. Tous les degrez ont 5. pieds de long de çà & de là le merlon, & vn pied de large, & demy pied de hault par tout. Estant au second estage on le trouuera tout au plan-pied & de semblable hauteur : à main senestre est vne sale comprenant depuis le deuant iusques au derriere tout le long ayant entierement le iour de trois costez, & deux portes & deux cheminees qui veut. Ayant repassé au deuant de l'escalier on entre en vne belle chambre, & d'icelle en la riere-chambre, à la garde-robbe & cabinet. Remontant au troisiesme estage on le trouuera tout semblable à cestui-cy, ou comme le dessoubs, au plaisir du seigneur qui le faict faire. En apres sont les greniers ayans par tout belles lucernes. Remontant tout hault de l'escalier on trouuera vne terrasse sur iceluy pour grande beauté.

K

IL FAVT MONTER AV PLVS HAVLT POVR CONTEMPLER ET LE CIEL ET LA TERRE ET LES CHOSES QVI Y SONT A FIN D ADORER DIEV SEVL LE PERE ET LE FILS ET LE SAINCT ESPRIT EN ESPRIT ET VERITE AVQVEL SOIT SEVLE GLOIRE ES CIECLES DES CIECLES AMEN

www.ingramcontent.com/pod-product-compliance
Lightning Source LLC
Chambersburg PA
CBHW030100230526
45471CB00003B/1176